看图学自由搏击

精编全彩图解版

练喻轩、谢雷 编著

杨天硕 摄影

人民邮电出版社

北 京

图书在版编目（CIP）数据

看图学自由搏击：精编全彩图解版 / 练喻轩，谢雷
编著；杨天硕摄. -- 北京：人民邮电出版社，2023.8
ISBN 978-7-115-61772-9

Ⅰ．①看… Ⅱ．①练… ②谢… ③杨… Ⅲ．①搏击—
图解 Ⅳ．①G852.4-44

中国国家版本馆CIP数据核字(2023)第088766号

免 责 声 明

内 容 提 要

本书对自由搏击的发展历史、服装要求和训练器材等基础知识进行了介绍，并采用真人示范、分步图解的形式，对基本站姿、拳法、步法和腿法等基本技术，以及防守和进攻技术进行了讲解。不论是希望快速入门的零基础自由搏击学习者，还是希望提升自身水平的格斗爱好者，都能从本书中受益。

◆ 编　　著　练喻轩　谢　雷
　　摄　　影　杨天硕
　　责任编辑　刘　蕊
　　责任印制　彭志环
◆ 人民邮电出版社出版发行　　北京市丰台区成寿寺路 11 号
　　邮编　100164　　电子邮件　315@ptpress.com.cn
　　网址　https://www.ptpress.com.cn
　　北京建宏印刷有限公司印刷
◆ 开本：700×1000　1/16
　　印张：6.75　　　　　　　　　　　2023 年 8 月第 1 版
　　字数：184 千字　　　　　　　　2025 年 7 月北京第 5 次印刷
定价：39.80 元

读者服务热线：(010)81055296　印装质量热线：(010)81055316
反盗版热线：(010)81055315

第 1 章　什么是自由搏击

第 2 章　自由搏击的基础动作技术

第3章 自由搏击的防守和进攻技术

第 1 章

什么是
自由搏击

自由搏击也称踢拳，既是对站立格斗技术的称谓，也是对以站立格斗为攻击术的赛事称呼，其练习目的一般为强身健体、自我防卫和竞技运动。

1.1 自由搏击的产生

自由搏击起源于踢拳道，在长期的国际交流过程中，逐渐融合各种流派和传统风格的武术元素，进而形成并完善了这种混合武术的体系。

自由搏击英文名为"Kickboxing"，从字面意思上便可看出是"Kick（踢腿）"和"Boxing（拳击）"的组合，因此在初始成立武术流派时以"踢拳"为名称。

自由搏击最早出现在日本，20 世纪 60 年代日本踢拳道创始人野口修从空手道和拳击的混合技术中创建的新的格斗技术，并在 1960 年与泰国的泰拳选手的异种格斗比赛中获得胜利，从而使这一武术体系一举成名，成为亚洲地区的独立武术派别，也是日本独自创立的格斗技术之一。1962 年野口修成立了踢拳联盟会，1966 年又将这种武术派别正式命名为踢拳道，而后世界踢拳总会于 1974 年在日本大阪成立，并举办了第一届世界踢拳锦标赛，从而将这一武术体系推广至全世界，并直接影响了其他国家踢拳的发展和演变。

20 世纪 70 年代，踢拳运动发展到了北美洲和欧洲，尤其是美国。虽然早期是由空手道武术家引入并发展了美式踢拳，但是在 1970 年的第一届职业空手道锦标赛中，踢拳选手乔·刘易斯赢得了胜利，而后 1974 年空手道与踢拳道进行了制度分离，世界踢拳道协会于 1976 年正式成立，踢拳道的发展、比赛制度和选手排名的规则也更加完善。

20 世纪 90 年代，踢拳道进一步与巴西柔术和民间摔跤的实战技术相融合，从而更加完善了现代自由搏击的格斗体系，并在众多管理机构和大众媒体的主导之下，曝光度和参与度日益增加，不再是局限于武术流派内部和比赛场上所用的竞技性技术，而是成为人们健身与自卫的选择。

从狭义上来看，踢拳道仅限于日本踢拳道、美国踢拳道和荷兰踢拳道，具有明确的风格和较多的限制规则；从广义上来看，踢拳道包括了所有以踢腿和拳击为攻击技术的立式格斗运动，武术技法也不仅限于空手道、拳击、泰拳、柔术、摔跤等模式，而是将各种有借鉴意义的方法都融入进来，从而令这一武术体系更加宏大，风格也更为复杂，无法用单一的规则或系统来进行定义，更不能将它作为孤立的武术流派来看待，这也就是现代自由搏击最终形成的重要原因。

1.2 现代自由搏击的特点与实用性

现代自由搏击有着数百项国际性赛事，每项赛事在规则上可能有着细微的差别，但崇尚以自由的形式、开放的态度来进行格斗竞技的宗旨是统一的。

现代自由搏击以其兼容并蓄的特点吸引着众多的武术业余爱好者和专业竞技者，不问资格流派、不问武术体系，凡是认可比赛规则的选手，均可参加比赛，这成了它在世界上迅速兴起的优势，同时也让不同种类的格斗技术同台竞技，从而成为了武术界的横向交流渠道，进一步推动了各派别武术的自身发展。

在现代自由搏击的各种赛事中，要求男性参赛选手上身赤裸，下身穿着短裤，佩戴护齿、拳击手套、腹股沟防护装置，女性参赛选手除了上身还需要穿着运动胸罩和胸部防护装置外，其他要求均与男性参赛选手一致。计分规则为回合制，选手个人退出、被击倒或裁判认定技术性击倒时，获胜者便确定得分，而后评委会根据每个回合的得分确定最终的优胜者。

随着现代自由搏击赛事的推广和在大众之间引起的热烈反响，越来越多的人开始加入研习自由搏击的行列，其中大部分都是出于锻炼和自我保护的目的。自由搏击无须深厚的武术基础，没有严苛的招式体系，而是在实战的基础上进行一定的要点训练和无限制的发挥，也更适合现代人快节奏的生活要求和提高防身能力的需求。

1.3 自由搏击比赛

自由搏击比赛以无限制和自由的格斗的技法而著称，因此，过程往往会非常激烈。为了更好地保护选手，比赛对选手的服装和护具都有一定要求。

比赛场地

自由搏击比赛一般是在规定的场地和区域内进行。根据赛事的不同，场地的大小和区域的形状也会有所不同，但大部分采用的都是正方形围绳拳台。以K-1顶级格斗大奖赛中所使用的场地尺寸为例，其长宽相等，四周分别有3～4根围绳，要求绳内区域每边长为5～7m，绳外区域宽度约为0.7m，最低围绳的高度约为0.5m，最高围绳的高度约为1.3m，围绳必须均匀分布且直径在2.5cm以上，具有足够的承重力；拳台要覆盖羊毛垫、草垫或软垫，最上层为帆布，保证选手倒地时不会受伤；红蓝两方所在的对角线位置上，要设置可拆卸的台阶，供选手上下拳台。在不同场地中可以根据实际情况，在要求范围之内进行调整。

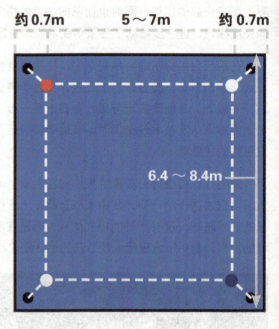

约0.7m　　　5～7m　　　约0.7m

6.4～8.4m

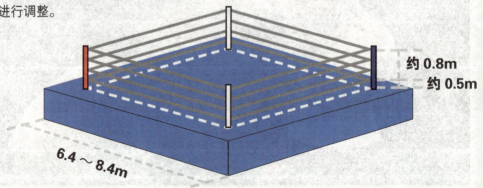

约0.8m
约0.5m

6.4～8.4m

服装与护具

　　在自由搏击比赛中对服装方面的要求与泰拳类似，男性选手只能穿着短裤，女性选手则是短裤加运动胸罩，这样才能将由服装造成的制约降至最低，从而更灵活地施展个人技术。但是在训练过程中，也可以根据训练项目和选手个人意愿，选择穿着长裤和短袖衫等，没有非常严格的要求。

　　由于自由搏击比赛有一定的危险性，为了保护参赛选手，护具是必不可少的。在不同的赛事中，允许佩戴的护具种类也有所不同，即便是在日常训练中，如果是强度较高或对抗性较强的训练，也应当佩戴护具来防止不必要的伤害。

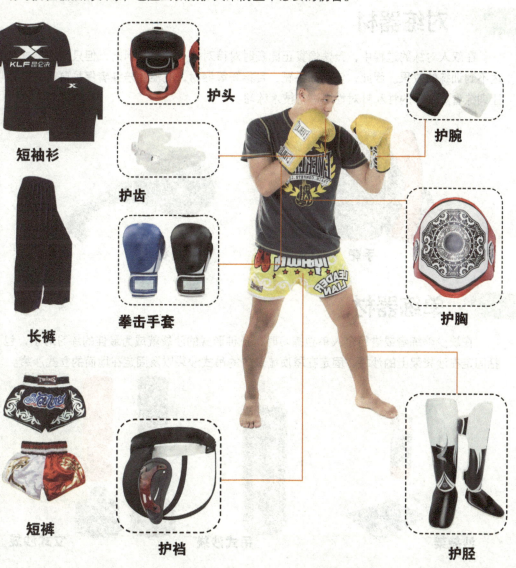

短袖衫

长裤

短裤

护头

护齿

拳击手套

护档

护腕

护胸

护胫

1.4 自由搏击的训练器材

优秀的实战发挥离不开日常的刻苦训练，而专业的搏击练习器材能够更好地帮助专业选手提高技术的熟练度，也能帮助业余学习者较快地取得锻炼成果。

对练器材

在双人对练的过程中，无法像真正比赛时对待对手一般拳拳到肉，但只练习招式又达不到训练的效果。因此，使用如手靶、目标靶等器材，既能让陪练者保护自己，又能让训练者更有目的性和针对性地进行技术练习。

手靶　　　　　　　　　　　目标靶

单练器材

在缺少陪练者或进行个人单独练习时，各种形式的沙袋就成为最佳的练习对手，包括固定在沙袋架上的沙袋、固定在屋顶墙壁内的吊式沙袋以及固定在地面的立式沙袋。

沙袋架　　　　　　　　　吊式沙袋　　　　　　　立式沙袋

第 2 章

自由搏击的
基础动作技术

基础训练是学习的开端，也是搏击项目
里重要的必学部分。

基本站姿

2.1

正确的站姿就犹如一个屏障，既可以防御对手的进攻，又可以保护自身的薄弱部位。掌握正确的站姿是掌握攻防技术的基础。

实战姿势分为左实战式和右实战式，依个人偏好而定。下面以左实战式为例。

左实战式

拳置于颈前，双肘自然下垂并稍向里合，下颌内收，目视对方面部

左脚全脚掌着地，右脚脚跟稍抬起，两膝稍弯曲

脚长的 1 ~ 1.5 倍

实战姿势的区分

实战姿势的区分由左右脚的位置决定，左脚在前时为左实战式，俗称"正架"；右脚在前时为右实战式，俗称"反架"。具体采用哪种姿势，主要根据个人习惯而定，一般有力量的拳或腿置于后侧。

双脚前后开立，前脚跟与后脚尖间距约与肩同宽。身体重心右移，上体含胸收腹扭臀。左臂内屈约90°，拳眼与鼻尖平行。右臂内屈约90°。

基本拳法

拳法是对战时最基本的进攻元素，其特点是速度快、灵活多变，而且与步法密不可分。拳法的发力过程归纳为蹬地、转腰、急旋臂。

2.2 直拳

■ 左直拳

实战目的

可以对付以右直拳为主的对手，破坏对方的进攻。

1

2

3

右拳处于防守状态

身体重心前移至左脚，用肩带动左前臂快速向前直线击出

动作要点

从实战姿势（图 1）开始，身体重心转移至左脚，左拳出击（图 2），最后左拳快速收回，恢复成实战姿势（图 3）。

■ 右直拳

1

2

实战目的

右直拳的击打力量较大，对战时可以有效地击倒对方。

3

动作要点

从实战姿势（图1）开始，身体重心前移至左脚，用肩带动右前臂旋臂向前，快速直线击出，左拳处于防守状态（图2），最后右拳快速收回，恢复成实战姿势（图3）。

其他角度

摆拳

■ 左摆拳

1

其他角度

2

身体略微向右扭转

实战目的

实战目的

摆拳用于打击对方头部及上半身体侧，或者反击对方的腿法或拳法。

动作要点

从实战姿势（图1）开始，身体右转，左臂稍抬起，同时前臂内旋向前弧形出击，力达拳面，上臂与前臂夹角约130°（图2），最后左拳自然收回原位（图3）。

3

■ 右摆拳

1

2

3

身体略微向
左扭转

动作要点

从实战姿势（图 1）开始，
右臂稍抬起，前臂内旋向
前弧形出击，力达拳面，
上臂与前臂夹角约 130°，
注意右脚和腰同时转动
（图 2），最后右拳自然收
回原位（图 3）。

实战目的

右摆拳多用于反击或在假
动作的掩护下进攻。

其他角度

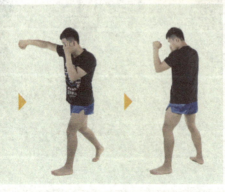

教练提示

当击远距离时，拳心向外向下可避免
手腕受伤；当击打中近距离时，拳心
向下可避免手腕受伤。

平勾拳

左平勾拳

1

2

实战目的

配合步法击打对方上半身，也可以闪躲后进行反击，或者与其他动作组合进行进攻。

上臂与前臂之间的夹角
小于 90°

3

其他角度

动作要点

从实战姿势（图1）开始，左脚蹬地发力，身体稍右转，在转体的同时迅速抬起左臂至与地面平行。击打时重心转移到左腿上，左拳迅速从左向右击打对手头部，拳心向下（图2），击打后迅速恢复成实战姿势（图3）。

第**②**章 自由搏击的基础动作技术 —— 基本拳法

13

■ 右平勾拳

1

2

肘关节与地面平行

3

动作要点

从实战姿势（图 1）开始，右脚蹬地发力，身体微左转，在转体的同时迅速抬起右臂，上臂与前臂之间的夹角小于90°，击打时重心转移到左腿上，右拳迅速从右向左击打对手头部，拳心向下（图 2），击打后迅速恢复成实战姿势（图 3）。

其他角度

实战目的

用于近距离的攻击以及反击，或者与其他动作组合进行进攻。

下平勾拳

左下平勾拳

1

2

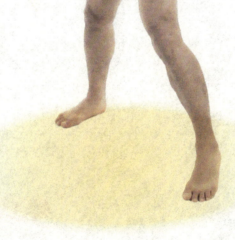

上臂与前臂之间的夹角
略大于 90°

3

实战目的

对方上步欲抱腿施摔时，
以左下平勾拳反击对方
头部。

其他角度

动作要点

从实战姿势（图 1）开始，左脚蹬地发力，身体微右转，在转
体的同时迅速抬起左臂，左拳迅速从下至上击打对手头部，拳
心向内（图 2），击打后迅速恢复成实战姿势（图 3）。

15

■ 右下平勾拳

1　**2**

上臂与前臂之间的夹角略大于90°

3

动作要点

从实战姿势（图1）开始，右脚蹬地发力，身体微左转，在转体的同时迅速抬起右臂，右拳迅速从下至上击打对手头部，拳心向内（图2），击打后迅速恢复成实战姿势（图3）。

教练提示

出拳时肩部放松，避免出拳时后引动作过大而暴露动作的意图。

其他角度

实战目的

对方上步欲抱腿施摔时，以右下平勾拳反击对方头部。

斜勾拳

左斜勾拳

1

2

3

实战目的

斜勾拳的主要击打目标为对方的腹肋，为闪身出击性的拳法，同时又是近身贴打的拳法。

其他角度

动作要点

从实战姿势（图1）开始，左脚蹬地发力，身体微右转，左拳拳心向上朝正前方勾击，高与腹平（图2），击打后迅速恢复成实战姿势（图3）。

■ 右斜勾拳

1

2

3

动作要点

从实战姿势（图 1）开始，右脚蹬地发力，身体微左转，右拳拳心向上朝正前方勾击，高与腹平（图 2），击打后迅速恢复成实战姿势（图 3）。

身体略微向左扭转

教练提示

动作不宜过大，且有控制，出拳短促而有力。

其他角度

实战目的

用于近距离的进攻与反击，或与其他动作组合。

转身鞭拳

右鞭拳（右上步）

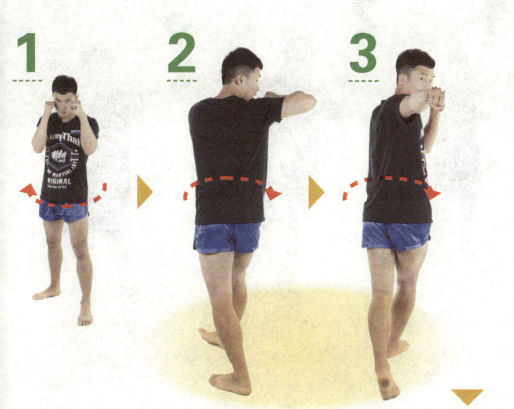

1　**2**　**3**

4

动作要点

从实战姿势（图1）开始，以左脚脚掌为轴，身体向后转，同时以腰部带动右臂向右侧横向鞭击，力达拳轮，然后右脚经左腿前插步，身体继续向右后转，同时右拳迅速收回，恢复成实战姿势（图2至图4）。

■ 右鞭拳（左上步）

1

2

3

4

动作要点

从实战姿势（图 1）开始，以右脚脚掌为轴，身体向后转
180°，左脚经右腿前插步，然后身体继续向右后转，同时以
腰部带动右臂向右侧横向鞭击，力达拳轮（图 2 和图 3），击
打后迅速恢复成实战姿势（图 4）。

组合性拳法示例

示例 1

1 **2** **3**

4 **5** **6**

动作分析

从实战姿势开始，左腿在前，右腿在后，双拳置于与下颌等高处（图 1）。使用左直拳攻击对手（图 2），之后回到实战姿势（图 3），再使用右直拳攻击对手（图 4），接着回到实战姿势（图 5）。最后使用左平勾拳攻击对手（图 6）。

示例 2

1   **2**   **3**

4   **5**   **6**

动作分析

从实战姿势开始，左腿在前，右腿在后，双拳置于与下颌等高处（图 1）。使用左直拳攻击对手（图 2）后迅速出右拳，使用右直拳攻击对手（图 3），之后回到实战姿势（图 4）。接着使用左平勾拳攻击对手（图 5）后迅速从下向上出右拳，使用右下平勾拳攻击对手（图 6）。

示例 3

1

2

3

4

动作分析

沿直线冲出右直拳后收右臂使用左直拳（图1和图2），再迅速收左臂从下向上使用右斜勾拳（图3），接着再次使用右直拳（图4）。未出拳的手护在下颌处呈防御姿势。动作要连贯。

示例 4

动作分析

沿直线冲出左直拳后收左臂使用右直拳（图 1 和图 2），再迅速收右臂从下向上使用左斜勾拳（图 3），之后迅速使用左平勾拳（图 4）。未出拳的手始终护在下颌处呈防御姿势。动作要连贯。

基本步法

2.3

步法是实战的根基，步法的稳定是对战成功的关键因素。步法与拳法相辅相成，缺一不可，俗语称"三分拳，七分步"。

前滑步

行进示意图

后
右　左
前

1

2

实战目的

调整与对手的前后距离。

3

右脚蹬地

其他角度

动作要点

从实战姿势开始（图1）。右脚蹬地，左脚向前上半步，落地时左脚掌先着地（图2）。右脚向前跟半步，恢复成实战姿势（图3）。

后滑步

后
右　左
前

1

2

3

其他角度

左脚蹬地

动作要点

从实战姿势开始（图1）。左脚蹬地，右脚向后退半步，落地时右脚掌先着地（图2）。左脚向后跟半步，恢复成实战姿势（图3）。

实战目的

躲闪对方的正面进攻。

斜滑步

1

2

3

其他角度

左脚向左前侧上步

动作要点

从实战姿势开始（图1）。左脚向左前侧上步，距离为20～30厘米（图2）。右脚迅速向左滑动，恢复成实战姿势（图3）。

实战目的

身体左右移动，以闪躲对手的正面进攻。

侧滑步

行进示意图

后
右　　左
前

1

2

3

其他角度

迅速向左滑动

动作要点

从实战姿势开始（图1）。左脚向
左侧上步，距离为 20 ~ 30 厘米
（图2）。右脚迅速向左滑动，恢复
成实战姿势（图3）。

实战目的

身体向左移动，闪避对手
直线进攻躯干。

基本膝法

2.4

膝法攻击力较大，攻势猛烈，有些比赛中禁止使用。这里列举了常用的膝法，以供在获允许的比赛中使用。

上顶膝

顶膝也称刺膝，是由下至上撞击的技术，属于正面向前进攻的膝法技术，分为左上顶膝和右上顶膝两种。本书以右上顶膝为例进行讲解。

1

2

3

动作要点

从实战姿势开始（图1）。左腿向前上步，右手向前伸出抓住对方颈部，抓住之后，左手也向前伸出，掌心向内（图2）。左手扣在右手上，抓住对方（图3）。

其他角度

4

提膝至与肋骨齐平

实战目的

用于攻击对方头部、腰部、胸部或裆部等。

5

其他角度

6

动作要点

右腿屈膝提起，直到膝部与肋骨平齐，小腿收紧。膝部必须竖直向上撞击（图 4）。右腿放下，双手回到防守姿势（图 5）。回到实战姿势（图 6）。

斜顶膝

■ 左斜顶膝

斜顶膝是由斜下至上撞击的技术，属于正面向前侧进攻的膝法技术，分为左斜顶膝和右斜顶膝两种。

1

2

3

小腿收紧

实战目的

双方近身时顶击对手大腿肌肉或腹部。

动作要点

从实战姿势开始（图 1）。以右脚为支撑点站立（图 2）。左脚屈膝提起，小腿收紧（图 3）。

4

膝盖向斜上方发力

向前送髋

5

左腿垂直于地面落下

6

动作要点

送髋前顶，膝盖斜向上发力（图4）。左腿垂直于地面放下（图5）。回到实战姿势（图6）。

■ 右斜顶膝

1

2

3

小腿收紧

其他角度

动作要点

从实战姿势开始（图1）。左脚向前上步（图2）。右脚屈膝提起，小腿收紧（图3）。

实战目的

用于攻击对手腹部及腹股沟部位，以削弱对方战斗力。

4

向前送髋

动作要点

送髋前顶，膝盖斜向上发力（图 4）。右腿放回左腿后方（图 5）。回到实战姿势（图 6）。

5

落下时左腿在前

6

其他角度

飞膝

飞膝分为左飞膝和右飞膝，是跳起来用膝盖攻击对手，威力很大。飞膝的击打目标是对手的上体和颌部。本书以右飞膝为例进行讲解。

其他角度

动作要点

从实战姿势开始（图1）。左腿屈膝提起（图2）。进一步提起左腿，带动身体向上（图3）。

实战目的

当对手疏于防护、贸然进攻或逼近时，便是使用右飞膝的好时机。

4

动作要点

借助右腿的力量向上起跳（图4）。身体腾空时，用右膝进行攻击（图5）。最后回到实战姿势（图6）。

5

6

其他角度

基本腿法

2.5

腿法是对战中最常用的技法之一，在比赛中占有较大比重，其攻击距离远，威力很大，进攻有效性强。

刺踢（正蹬腿）

实战目的

用于攻击对手的胸部、腹部，或者阻截对手的进攻。

■ 左刺踢

1   **2**   **3**   **4**   **5**

动作要点

从实战姿势开始（图 1）。左脚蹬地屈膝上提，双拳收至胸前（图 2）。伸膝送髋，带动左侧小腿向前蹬出，力达脚跟（图 3）。踢出后立即收腿（图 4）。迅速恢复成实战姿势（图 5）。

■ 右刺踢

1　　2　　3　　4　　5

动作要点

从实战姿势开始（图 1）。右脚蹬地屈膝上提，双拳收至胸前（图 2）。伸膝送髋，带动右侧小腿向前蹬出，力达脚跟（图 3）。踢出后立即收腿（图 4）。迅速恢复成实战姿势（图 5）。

实战目的

双方对峙时，可用蹬腿阻止对方进攻。

侧踢

侧踢属于身体侧身攻击的屈伸性腿法，其特点是变化多、实用性强、击打距离长、攻击威力大。侧踢分为左侧踢和右侧踢。

■ 左侧踢

1 2 3 4 5

动作要点

从实战姿势开始（图1）。提起左膝至与腰同高处，重心后移，右腿微屈膝（图2）。左侧大腿贴近胸部，小腿外摆，脚尖微勾（图3）。之后身体侧后仰，同时左侧大腿猛力伸直，带动脚掌向前直线踢踹（图4）。动作完成后按原路线收回，最后回到实战姿势（图5）。

实战目的

用于攻击对手头部、胸部、腹部、胯部、腿部、膝部等。

■ 右侧踢

侧踢的动作是多样化的，在步法、身法的配合下，可随势变出任何一种侧踢。可用来攻击对手，也可用来阻击对方的步法。

1

2

3

> **教练提示**
> 由于侧踢动作路线较长，稳定性较差，在完成动作时要快速连贯，否则容易给对手制造反击机会。

> **实战目的**
> 用于攻击对手头部、胸部、腹部、腿部、膝部等，可结合步法直接进行攻击，也可用于阻击对手。

动作要点

从实战姿势开始，右腿在前，左腿在后，双拳与下颌等高（图 1）。右膝提起至与腰同高（图 2）。重心后移，左腿微屈膝，右侧大腿贴近胸部，小腿外摆，脚尖微勾（图 3）。

4 **5** **6**

右腿用力伸直

动作要点

身体侧后仰，同时右侧大腿猛力伸直，带动脚掌向前直线踢踹，脚掌指向对手（图 4）。
动作完成后按原路线收回（图 5）。回到实战姿势（图 6）。

其他角度

脚跟踢（内踹）

1

2

3

4

腿用力伸直

5

实战目的

用于攻击对手的胸部、腹部，或者阻击对手的进攻。

动作要点

从实战姿势开始（图1）。右脚蹬地屈膝上提，双拳收至胸前（图2）。提膝送髋（图3），带动右侧小腿向前蹬出，力达脚跟（图4）。踢出后立即收腿。迅速恢复成实战姿势（图5）。

后摆

后摆又称回旋踢或后旋踢等，后摆的动作飘逸而迅猛，威力大，相应地难度也较大，要求柔韧性好、准确性高。后摆是迎击腿法中比较有代表性的腿法。

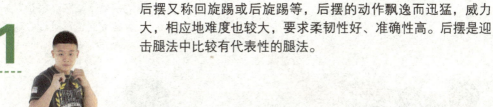

1

2　**3**

身体右转

用腰力带动左腿

其他角度

动作要点

从实战姿势开始，右腿在前，左腿在后，双拳与下颌等高（图1）。提起左腿，两拳置于胸前。以腰髋为轴，双脚突然右转，同时上体右转（图2），利用腰力带动左腿向左后方提（图3）。

4

5

6

其他角度

实战目的

对手使用横踢进攻我方身体正面时，可用后摆腿击中对方头部。

动作要点

以髋关节为轴左腿向后上直腿摆起（图4），随后继续向左后方旋摆鞭打，脚面压直，力达脚面，同时上体向左转，带动左腿弧形摆至身体左侧（图5）。动作完成后，左腿屈膝回收。回到实战姿势（图6）。

低位扫踢（欧式、泰式）

■ 左低位扫踢

1

2

3

身体右转

重心移至右腿

其他角度

动作要点

从实战姿势开始，右腿在前，左腿在后，双拳与下颌等高（图 1）。左脚蹬地屈膝上提，以右脚为支撑站立（图 2）。重心移至右腿上，上体微向右侧旋转，同时左膝向内提起，膝关节处蓄力（图 3）。

45

4

提膝送髋

5

实战目的

用于攻击对手的大、小腿以及低位区域。

踢出后立刻收腿

其他角度

6

动作要点

提膝送髋（图 4），带动左侧小腿向前蹬出，力达脚跟。左腿扫踢对手低位区域，小腿、大腿及腰部基本成一条直线（图 5）。踢出后立即收腿，迅速恢复成实战姿势（图 6）。

■ 右低位扫踢

1　　　**2**　　　**3**

右膝向内提起

重心移至左腿

其他角度

第 ❷ 章　自由搏击的基础动作技术 —— 基本腿法

动作要点

从实战姿势开始，右腿在前，左腿在后，双拳与下颌等高（图1）。右脚蹬地屈膝上提，以左脚为支撑站立（图2）。重心移至左腿上，上体微向左侧旋转，同时右膝向内提起，膝关节处蓄力（图3）。

4

5

提膝送髋

实战目的

低位攻击可作为假动作引诱对方，伺机进攻。

其他角度

6

动作要点

提膝送髋（图4），带动右侧小腿向前蹬出，力达脚跟。右腿扫踢对手低位区域，小腿、大腿及腰部基本成一条直线（图5）。踢出后立即收腿，迅速恢复成实战姿势（图6）。

中位扫踢（欧式、泰式）

■ 左中位扫踢

1　**2**　**3**

身体右转

重心移至右腿

其他角度

动作要点

从实战姿势开始，右腿在前，左腿在后，双拳与下颌等高（图1）。左脚蹬地，屈膝上提，以右脚为支撑站立（图2）。重心移至右腿上，上体微向右侧旋转，同时左膝向内提起至与腰平齐，膝关节处蓄力（图3）。

4

腿部与腰部
呈一条直线

5

迅速收腿

其他角度

6

实战目的

可用于中远距离的攻击与
反击。

动作要点

提膝送髋，带动左侧小腿向前蹬出，
力达脚跟。左腿扫踢对手中位区域，
小腿、大腿及腰部基本成一条直线
（图4）。踢出后立即收腿（图5），
迅速恢复成实战姿势（图6）。

■ 右中位扫踢

1

2

3

右脚蹬地提膝

第 ② 章 自由搏击的基础动作技术 —— 基本腿法

其他角度

动作要点

从实战姿势开始,右腿在前,左腿在后,双拳放置于与下颌等高处(图1)。左脚向前上步,双拳仍放置于与下颌等高处(图2)。右脚蹬地屈膝上提,双拳收至胸前,以左脚为支撑站立(图3)。

4

5

实战目的

用于攻击对手胸部、腰部，可配合步法进行反击。

上体轻微左转

腿部与腰部呈一条直线

其他角度

6

动作要点

重心移至左腿上，上体微向左侧旋转，同时右膝向内提起至与腰平齐，膝关节处蓄力（图4）。右腿扫踢对手中位区域，小腿、大腿及腰部基本成一条直线（图5）。踢出后立即收腿，迅速恢复成实战姿势（图6）。

高位扫踢（欧式、泰式）

■ 左高位扫踢

1 2 3

其他角度

拧腰转髋

绷脚面

动作要点

从实战姿势开始，右腿在前，左腿在后，双拳与下颌等高（图1）。左脚蹬地，屈膝上提，以右脚为支撑站立（图2）。重心移至右腿上，随即用力拧腰转髋，猛力提膝，绷住脚面，横向由下向上，由外向内弧形扫踢（图3）。

4

5

小腿放松

其他角度

6

实战目的

用于攻击对手头部、颈部等高位区域。

动作要点

提膝送髋，带动左侧小腿向前上蹬出，力达脚跟，在击打的瞬间小腿、大腿以及腰部基本成一条直线（图4）。动作完成后，小腿放松，左腿自然放下（图5）。迅速恢复成实战姿势（图6）。

■ 右高位扫踢

1

2

3

其他角度

左脚上步

拧腰转髋

动作要点

从实战姿势开始，右腿在前，左腿在后，双拳与下颌等高（图
1）。左脚向前上步，双拳与下颌等高（图 2）。重心移至左腿
上，随即用力拧腰转髋，猛力提膝，绷住脚面，横向由下向
上，由外向内弧形扫踢（图 3）。

4

腿部与腰部呈
一条直线

5

6

其他角度

实战目的

用于攻击头部，可配合步
法进行反击

动作要点

提膝送髋，带动右侧小腿向前蹬出，力
达脚跟，在击打的瞬间小腿、大腿及腰
部基本成一条直线（图4）。动作完成
后，小腿放松，右腿自然放下（图5）。
迅速恢复成实战姿势（图6）。

组合性腿法示例

1

2

3

动作分析

从实战姿势开始，左腿在前，右腿在后，双拳与下颌等高（图1）。攻击方出左直拳攻击对方面部，右手护在脸颊旁（图2），然后迅速收左手提右膝（图3）。

4

5

6

动作分析

提膝后，用大腿力量带动小腿攻击对方腰部区域（图4）。注意动作要连贯。完成动作后，腿部沿原路返回（图5），回到实战姿势（图6）。

7

8

9

动作分析

在双方对峙状态下，攻击方使用左直拳攻击对方头部（图7），接着沿原路线放回左臂，回到实战姿势（图8），之后再次使用左直拳攻击对方头部（图9）。

动作分析

攻击方突然快速上步，提起左膝（图 10），使用左腿扫踢攻击对方腰部区域，双手仍然护在脸颊旁（图 11），最后回到实战姿势（图 12）。

第 3 章
自由搏击的防守和进攻技术

学习了基础的自由搏击技术后，接下来要将技术综合起来，以便在实战中有所应用，这一章把动作组合起来应用到实战中。与攻击同样重要的是防守，防守技术是每个运动员必备的。合理、巧妙地运用防守技术能有效地保护自己。

防守技术

3.1

防守的目的不是退让，而是为了有效地保护自己，调整进攻节奏，为进攻创造有利条件，获得最终胜利。

侧闪

■ 左侧闪

实战目的

用于闪避来自对方左边拳脚的正面进攻。

1

2

以腰为轴左转

动作示意图

▶ ▶ **3**

动作要点

从实战姿势（图 1）开始，上半身以腰为轴，向左侧微转并俯身，两臂微屈，两拳成防守状态（图 2），闪躲后迅速恢复成实战姿势（图 3）。

■ 右侧闪

1 2

以腰为轴右转

实战目的

用于闪避来自对方右边拳脚的正面进攻。

动作示意图

3

动作要点

从实战姿势（图1）开始，上半身以腰为轴，向右侧微转并俯身，两臂微屈，两拳成防守状态（图2），闪躲后迅速恢复成实战姿势（图3）。

下闪

■ 左下闪

1

2

双腿微屈

用于闪避对方的拳脚对上半身的进攻，或者俯身后摔倒对方。

动作示意图

3

动作要点

从实战姿势（图1）开始，双腿微屈，上半身略向左前方俯身，两拳成防守状态（图2），闪躲后迅速恢复成实战姿势（图3）。

■ 右下闪

1

2

略向前俯身

3

实战目的

用于闪避对方的拳脚对上半身的进攻，或者俯身后摔倒对方。

动作示意图

动作要点

从实战姿势（图 1）开始，双腿微屈，上半身略向右前方俯身，两拳成防守状态（图 2），闪躲后迅速恢复成实战姿势（图 3）。

后闪

1

2

身体略微后倾

动作示意图

3

实战目的

用于躲避对方的拳或腿对头部或胸部的正面进攻。

动作要点

从实战姿势（图 1）开始，身体重心后移，上半身微向后仰闪躲（图 2），闪躲后迅速恢复成实战姿势（图 3）。注意，后闪时双手于下颌处呈防守状态，后闪的动作幅度不宜过大。

摇闪

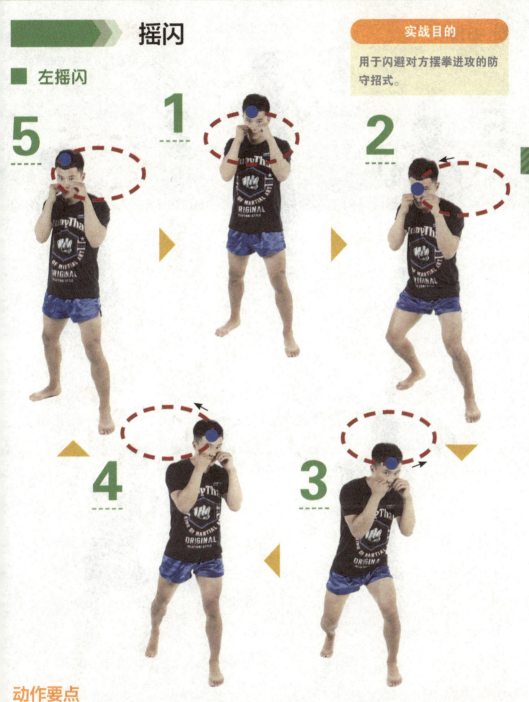

第 ❸ 章　自由搏击的防守和进攻技术 ——　防守技术

动作要点

从实战姿势（图1）开始，双膝屈曲重心下移，上半身以腰为轴，先向右侧微转并俯身（图2），然后迅速移转到正下方（图3），随后向左侧摆头，呈"U"形移动（图4），而后回转到起始位置，两拳成防守状态（图5），闪躲后迅速恢复成实战姿势（图1）。

■ 右摇闪

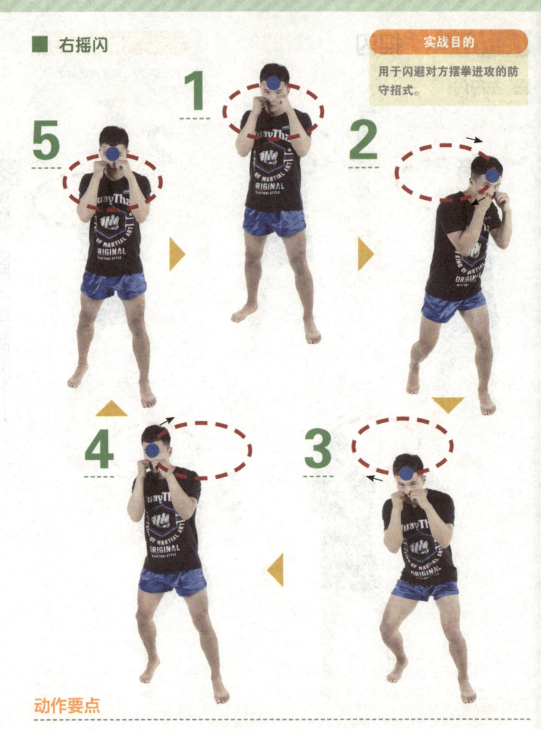

动作要点

从实战姿势（图1）开始，双膝屈曲重心下移，上半身以腰为轴，先向左侧微转并俯身（图2），然后迅速移转到正下方（图3），随后向右侧摆头，呈"U"形移动（图4），而后回转到起始位置，两拳成防守状态（图5），闪躲后迅速恢复成实战姿势（图1）。

前格挡

■ 左前格挡

1　　**2**

3

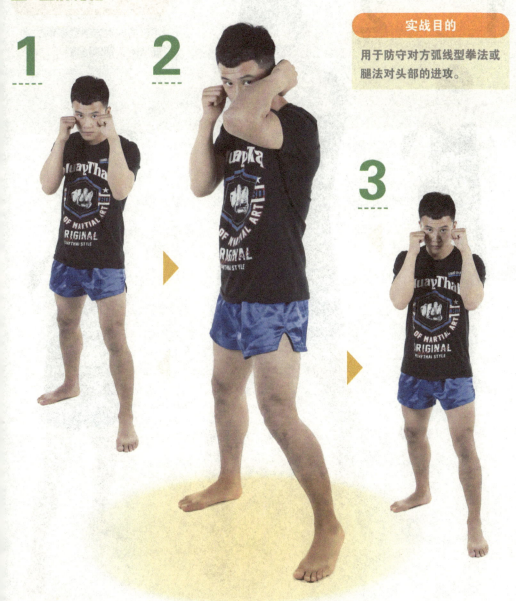

实战目的

用于防守对方弧线型拳法或腿法对头部的进攻。

动作要点

从实战姿势（图1）开始，左手肘向斜上方抬起，左前臂贴近头部，拳心向内（图2），格挡后迅速恢复成实战姿势（图3）。

■ 右前格挡

1　　**2**

3

实战目的

用于防守对方弧线型拳法或腿法对头部的进攻。

动作要点

从实战姿势（图1）开始，右手肘向斜上方抬起，右前臂贴近头部，拳心向内（图2），格挡后迅速恢复成实战姿势（图3）。

侧格挡

左侧格挡

1

2

3

实战目的

用于防守对方直线型拳法或弧线型腿法对上半身的进攻。

动作要点

从实战姿势（图1）开始，右手以肘关节为轴，以掌心为发力点，向下推拍手掌至面前（图2），格挡后迅速恢复成实战姿势（图3）。

■ 右侧格挡

1

2

3

实战目的

用于防守对方直线型拳法或弧线型腿法对上半身的进攻。

动作要点

从实战姿势（图 1）开始，左手以肘关节为轴，以掌心为发力点，向下推拍手掌至面前（图 2），格挡后迅速恢复成实战姿势（图 3）。

中位格挡

■ 左中位格挡

中位格挡属于被动式防守技术，相关练习可以提高抗击打能力和自我保护能力。左中位格挡以左掌为着力点，由上向下放按压，同时身体重心微下移。

1　2

3

实战目的

用于防守对方拳法或腿法对上半身的进攻，如勾拳、侧踹、蹬腿等。

动作要点

从实战姿势（图1）开始。左拳变掌，以肘部为轴，左前臂向下按压摆臂至左下侧外部（图2）。格挡后迅速恢复成实战姿势（图3）。

■ 右中位格挡

右中位格挡以右掌为着力点，由上向下按压，同时身体重心微下移。

1　**2**

动作要点

从实战姿势（图 1）开始。右拳变掌，以肘部为轴，右前臂向下按压摆臂至右下侧外部（图 2）。格挡后迅速恢复成实战姿势（图 3）。

实战目的

用于防守对方拳法或腿法对上半身的进攻，如勾拳、侧踹、蹬腿等。

3

提膝格挡

■ 左提膝格挡

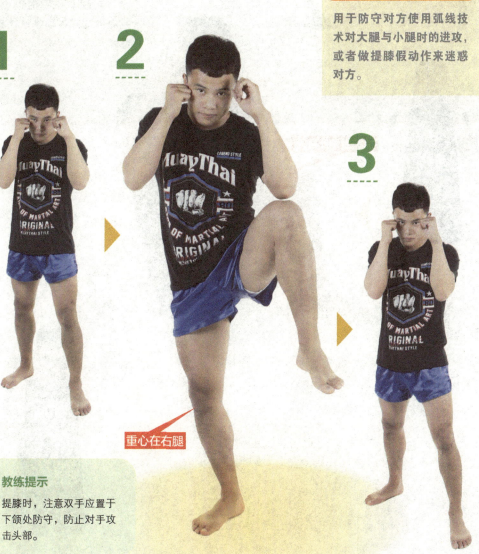

1

2

3

重心在右腿

教练提示

提膝时，注意双手应置于下颌处防守，防止对手攻击头部。

动作要点

从实战姿势（图 1）开始，左腿蹬地提起至略比髋关节高，身体重心移至右腿，双手成防守姿势（图 2），格挡后迅速恢复成实战姿势（图 3）。

■ 右提膝格挡

1

2

抬腿至略比髋高

3

实战目的

用于防守对方使用弧线技术对大腿与小腿的进攻，或者做提膝假动作来迷惑对方。

动作要点

从实战姿势（图1）开始，右腿蹬地提起至略比髋关节高，身体重心移至左腿，双手成防守姿势（图2），格挡后迅速恢复成实战姿势（图3）。

包抄防守

包抄防守是基础接腿技法，用于接对方直线腿法和弧线腿法的攻击。

1

2

3

动作要点

从实战姿势开始，左腿在前，右腿在后，双拳与下颌等高，正面面对对方站立（图1），对方提左膝，向上抬起左腿欲攻击（图2），对方使用左侧踢从左侧攻击我方腰腹部（图3）。

第 ③ 章　自由搏击的防守和进攻技术 —— 防守技术

4

教练提示

动作幅度不宜过大，格挡的同时上体应以腰部力量带动手臂向右侧转体，以减缓对方的攻击力道。

5

6

动作要点

我方左手由上向下抱住对方腿部（图4），左手施力向斜下方格挡，拳心向左（图5），回到实战姿势（图6）。

左右格挡 + 左提膝格挡

1

2

3

动作要点

从实战姿势开始，左腿在前，右腿在后，双拳与下颌等高，正面面对对方站立（图1），对方用左拳攻击（图2），防守方应用双拳紧贴脸部，防守对方的攻击，之后对方用右拳攻击（图3），防守方仍用双臂保护脸部。

动作要点

攻击方从斜下方出拳攻击（图4），防守方将右臂向下移动，用肘关节抵御对方的攻击，然后对方出右腿攻击，防守方迅速提左膝，用左腿膝关节格挡住对方的攻击（图5），最后沿原路线放下腿部，回到实战姿势（图6）。

前后手直拳 + 防守反击

1

2

3

动作要点

从实战姿势开始（图1），左脚向斜后方撤30～40厘米，两脚尖大致平行且斜向前方，双膝微屈，攻击方先用右直拳攻击对方（图2），之后迅速收右拳出左拳攻击对方（图3）。

动作要点

防守方出右拳攻击攻击方头部，攻击方双脚不动，身体向左侧闪避，闪避过防守方攻击（图4），然后迅速出左拳攻击防守方脸部（图5），紧接着提右膝抬右腿，将重心转移到左腿上，使用右腿扫踢防守方（图6）。

防守专项训练示例

示例 1

1

动作分析

从实战姿势开始，左腿在前，右腿在后，双拳与下颌等高（图1）。当对方出右拳攻击头部时，双脚不动，身体迅速向左倾斜，向左侧闪避（图2）。

2

示例 2

1 **2**

3 **4**

动作分析

从实战姿势开始，左腿在前，右腿在后，双拳与下颌等高（图1）。当对方从水平方向出左拳攻击我方时（图2），我方迅速向左转身并下蹲，双拳始终保持防御状态（图3），最后回到实战姿势（图4）。

示例 3

动作分析

从实战姿势开始，左腿在前，右腿在后，双拳与下颌等高（图1）。当对方从垂直方向由下至上出右拳攻击我方时（图2），我方双脚不动，身体迅速后闪，躲避对方的攻击（图3），最后回到实战姿势（图4）。

示例 4

动作分析

从实战姿势开始，左腿在前，右腿在后，双拳与下颌等高，正面面对对方站立（图1）。
当对方出左拳攻击我方面部时，身体右侧闪避过左直拳（图2）；对方紧接着使用右直
拳，我方左侧闪避过攻击（图3）；之后对方从左侧使用左摆拳攻击我方，我方下闪躲
避对方的攻击（图4和图5）；最后回到实战姿势（图6）。

示例 6

1

2

3

4

动作分析

从实战姿势开始，左腿在前，右腿在后，双拳与下颌等高，正面面对对方站立（图1）。对方连续出左直拳、右直拳、左直拳攻击我方胸部，我方先以右手拳心为着力点，以肘关节为轴，向外横向推拍（图2和图3），然后左手向外横向推拍（图4）。

示例 7

1

2

3

4

动作分析

从实战姿势开始，左腿在前，右腿在后，双拳与下颌等高，正面面对对方站立（图1）。对方抬起左腿欲攻击，我方右腿蹬地提起（图2），用小腿防御住对方从侧下方袭来的攻击，同时双手置于下颌处防守（图3），最后回到实战姿势（图4）。

示例 8

1

2

3

4

动作分析

从实战姿势开始，左腿在前，右腿在后，双拳与下颌等高，正面面对对方站立（图1）。
对方抬起右腿欲攻击，我方左腿蹬地提起，用小腿防御住对方从侧方袭来的攻击，同时
双手置于下颌处防守（图2和图3），最后放下左腿（图4）。

进攻技术

在系统地学习了拳法、膝法、腿法后，要将这一系列动作组合起来，寻找合适的时机攻击对方。

3.2

前手直拳 + 后腿扫踢（低位）

动作分析

从实战姿势开始，左腿在前，右腿在后，双拳与下颌等高，正面面对对方站立（图1）。攻击方使用左直拳攻击对方（图2）后，迅速出右腿向对方斜下方扫踢（图3和图4）。要注意动作连贯。

后手直拳 + 后腿扫踢（中位）

1

2

3

4

动作分析

从实战姿势开始，左腿在前，右腿在后，双拳与下颌等高，正面面对对方站立（图1）。
攻击方使用右直拳攻击对方后，迅速出右腿向对方腰部区域扫踢（图2和图3），最后
回到实战姿势（图4）。

后手直拳 + 前手摆拳

动作分析

从实战姿势开始，左腿在前，右腿在后，双拳与下颌等高，正面面对对方站立（图 1）。
攻击方先用右直拳攻击对方（图 2），之后迅速甩左臂水平攻击对方头部（图 3），最后
回到实战姿势（图 4）。

前后手直拳 + 后腿扫踢（低位）

1

2

3

动作分析

从实战姿势开始，左腿在前，右腿在后，双拳与下颌等高，正面面对对方站立（图 1）。
攻击方使用左直拳攻击后迅速出右直拳攻击对方（图 2 和图 3）。注意动作迅速连贯。

动作分析

之后，重心后移，右腿屈膝提起，向对方腿部扫踢（图 4 和图 5），提膝与踹腿动作协调一致，完成动作后右腿按原路线收回，回到实战姿势（图 6）。

连续勾拳 + 后手直拳 + 后腿扫踢（中位）

动作分析

从实战姿势开始，左腿在前，右腿在后，双拳与下颌等高，正面面对对方站立（图 1）。
攻击方使用下勾拳攻击对方，左手护在脸颊处（图 2），之后收右手并迅速出左手使用
左勾拳（图 3）。

4

5

6

动作分析

再用右直拳攻击对方，注意动作连贯（图4）。右直拳虽然力道较轻，但由于速度快、线路短等，在实战中属于极易得分的拳法。然后提膝出右腿攻击对方（图5），完成动作后右腿按原路线收回，回到实战姿势（图6）。

连续直拳 + 后腿扫踢（低位）

1

2

3

动作分析

从实战姿势开始，右腿在前，左腿在后，双拳与下颌等高，正面面对对方站立（图1）。攻击方使用右直拳攻击对方，左手护在脸颊处（图2），之后迅速出左直拳，右手护在脸颊处（图3）。

4

5

6

动作分析

再收左拳出右拳（图 4）。连续使用直拳攻击后，提左膝重心转移至右腿，上体微向右侧转，左腿扫踢对方大腿部位（图 5）。动作完成后，左腿按原路线收回，回到实战姿势（图 6）。

连续直拳 + 后腿扫踢（中位）

动作分析

从实战姿势开始，右腿在前，左腿在后，双拳与下颌等高，正面面对对方站立（图1），攻击方左脚蹬地，身体重心快速向前移至右脚，同时髋关节带动肩部向左微微旋转，在转体的同时探右肩，以肩部带动前臂快速向前直线击出，用右直拳攻击对方（图2），之后迅速收右拳出左直拳攻击对方（图3）。

4

5

6

动作分析

出拳后尽快按出拳路线收回（图4），然后右腿提膝，将重心转移至左腿，目视前方，使用右腿扫踢攻击对方（图5），动作完成后，按出腿路线返回，回到实战姿势（图6）。

前腿扫踢 + 后手直拳 + 前腿扫踢

动作分析

从实战姿势开始，右腿在前，左腿在后，双拳与下颌等高，正面面对对方站立（图1）。攻击方先使用右腿迅速扫踢对方（图2），后接左手直拳攻击（图3），注意动作迅速连贯。

4

5

6

动作分析

之后，攻击方重心后移，双手恢复起始位置，右腿屈膝提起，扫踢对方（图4和图5）。完成动作后，攻击方回到实战姿势（图6）。

作者介绍

练喻轩

个人主要运动成绩：

- 2019 年荣获 WBC（世界拳击理事会）泰拳钻石金腰带
- 2018 年荣获 WBC 亚洲拳击冠军
- 2018 年荣获伦披尼超中量级泰拳冠军
- 2015 年荣获 WBC 国际泰拳冠军
- 2015 年荣获 WKA（世界自由搏击协会）冠军
- 2003 年荣获全国跆拳道冠军

谢　雷

个人主要运动成绩：

- 2013 年荣获 WCK（世界搏击联合会）洲际冠军
- 2013 年荣获 WLF（世界自由搏击理事会）洲际金腰带
  （WLF 首条腰带）
- 2013 年荣获 CIK（世界泰拳协会）世界冠军